Manet.

Körperfülle

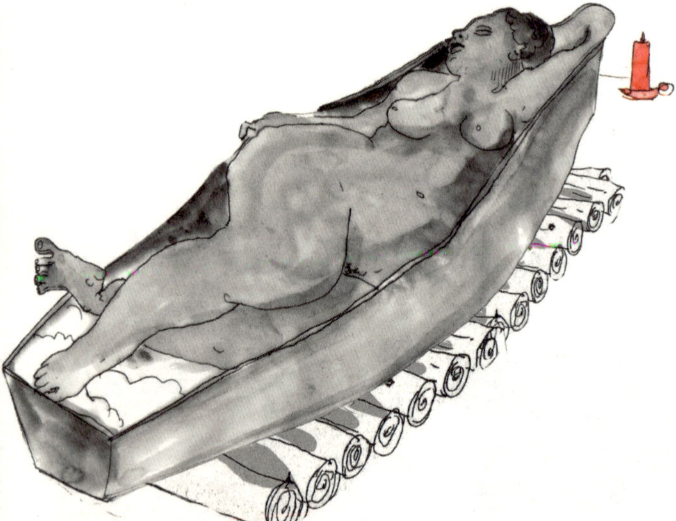

Sein liebstes Weib vergrubens rollend,
das machte Meister Rubens grollend.

Karnickel mag der Führer, denn
er ist ein grosser Dürer-Fan.

Hasi

Die Adern schwollen, Brancusi, röter,
schrie: "Ich brauche Ruh', Sie Köter!"

Musenstörung

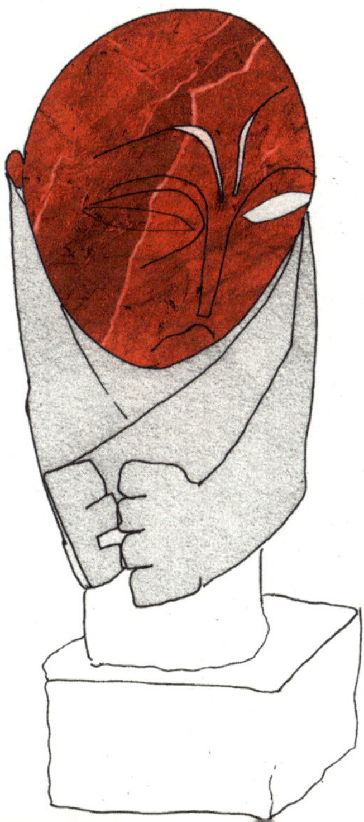

Rauschenberg fragt Lichtenstein

Wie färbt Warhol
sein Haar wohl?

Aktionismus Revisited

Warum er es Kitsch nennt?
Weil er den Nitsch kennt!

Kärntner Seen

Wenn ich so nass lieg',
denk' ich an Lassnig.

Musenwahn

Warum schreit Emil Nolde herrisch?
Es macht ihn seine Holde närrisch.

Ärgerliche Adria

Ums Eck Herr Paul Flora bog,
der Hut durch die Bora flog.

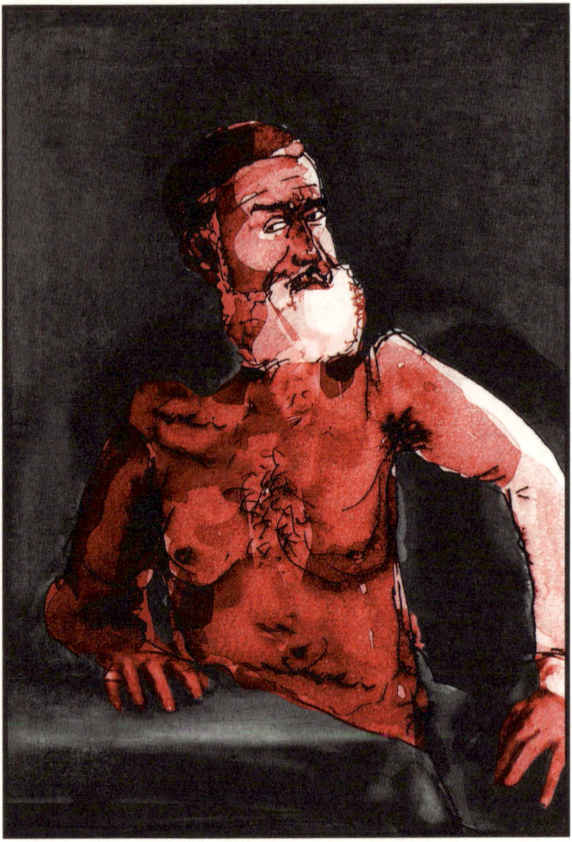

Zieh di' an,Tizian!

Frei Körper Kunst

Wenn Edvard Munch leidet,
er jeden Lunch meidet.

Nicht ganz verdaut

Jamon Jamon

Es malt Francisco Goya nicht
nach einem Anfall neuer Gicht.

Geh da,
Degas!

Impressionistischer Hinweis

Groupie, surreal

Wenn ich Giacometti bitt',
glaubst, kommt er ins Betti mit?

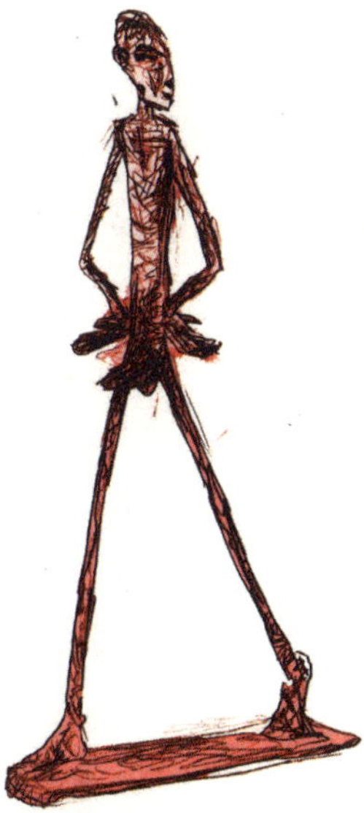

Restaurator

Wird ein Bild von Schiele feucht
in Panik das ganz viele scheucht.

Tippt Otto Dix
beim Toto X ?

Weimarer Glücksfrage

Ceci n'est pas un bong

Hast Du für Magritte
das halbe Gramm mit?

Ich denke, wir müssen Malewitsch eh' sagen
wie lang' hier die Fische fürs Seviche lagen.

Konstruktive Konsuminformation

Ich sauf' weil ich um Banksy trauer',
jetzt her mit dem Getränk, Sie Bauer!

Nachruf - Streetartstyle

Realistischer Auftraggeber

So malt dieser Chagall ein Feld?
Der kriegt auf keinen Fall ein Geld!

Bauernsturheit

Auch wenn ihr mir mein Äugel brecht,
ich schwörs, dass dieser Bruegel echt!

Das Bild gleicht nicht der Mona Lisa?
Ja klar, es war der Lohn a mieser!

You get what you pay for

Sensibler Künstlergaumen

Beim Raclette schrie Velazquez heute
‚Ihr wißt's genau, ich hass' Käs', Leute!'

Ich will ja nicht über Van Gogh lästern,
aber er schnitt sich ins Ohr ein Loch gestern.

Gauguins Version

Tate Modern Buffet

Nimmt zum Cafe Ofili Sahne?
Er nimmt ihn schwarz, so viel i ahne.

Bei einem Caravaggio merkt
ein jeder, dass kein Macho werkt.

Tiefroter Weichzeichner

Unbefangen expressionistisch

Nie bekommt Oskar Kokoschka Futter,
für Hecht kane Angel, für'n Fogosch ka Kutter.

Sie liebte Kandinsky,
viel später dann Kinsky.

Leiwand is' Leiwand

Kaffee Un Kultur

Heut' ist die Melange mit Zimt verklärt,
drum ist der Mund von Klimt verzerrt.

Erst sagt er, er malt wie Van Dyck,
beim Vorzeigen ist der dann feig.

Grossmaul, niederländisch

Kärntner Karten Können

Sie glauben, dass ich, weil i mogel, nix kann,
dabei bin ich Kiki Kogelniks Mann.

Der Wahnsinn für El Greco gilt,
weil er grad den Gecko grillt.

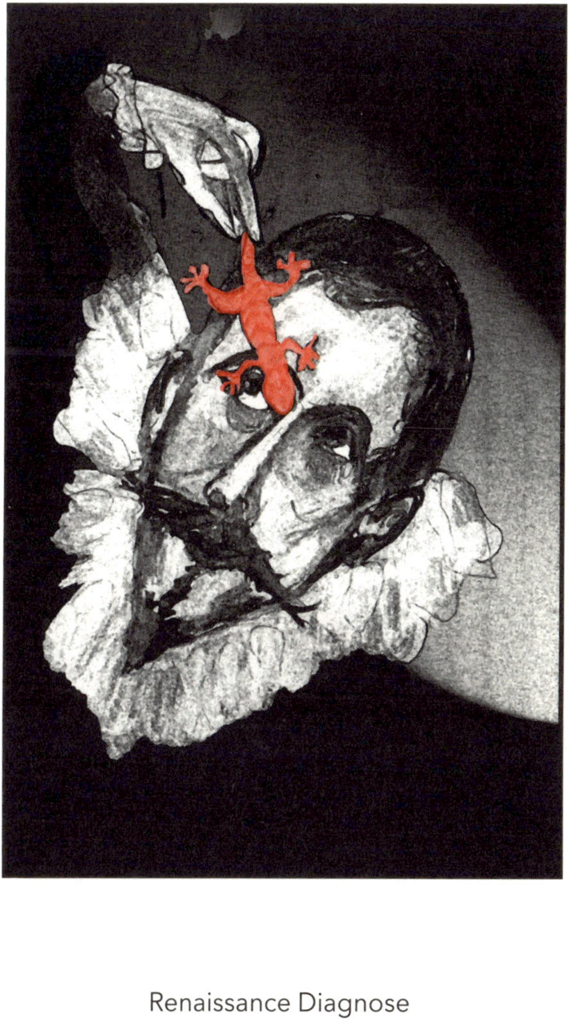

Renaissance Diagnose

Kubist vs Dentist

Schreien Sie bis Sie platzen, Braque!
Ich entfern' mit meinen Pratzen Plaque.

Sie schworen, dass sie Picassos Tanten
vom Cluburlaub auf Thassos kannten.

Les Demoiselles de Neckermann

Joint Venture

Den ganzen Anfang macht Dali,
den Rest, hab' ich gedacht, mal' i.

Sie packen schnell und fahr'n nach Kreta,
dort isst der Ältere Cranach Feta.

Gastronomische Familienreise

Kunst.Geschichten

Cimetière de Ebenda

Banksy
geb. ? gest. ?

Brâncuşi, Constantin
geb. 1876 in Hobita, gest. 1957 in Paris.
Rumänisch-Französischer Steinmetz und Schmied.

Braque, Georges
geb. 1882 in Argenteuil, gest. 1963 in Paris.
Mitbegründer des Kubismus. Verweigerte Zeit seines Lebens jegliche Zahnhygiene.

Bruegel der Ältere, Pieter
geb. um 1525 Breda, gest. 1569 in Brüssel.
Flämischer Maler. Obwohl er ‚Der Ältere' genannt wird, verstarb er früher in Brüssel als sein Sohn (der Jüngere).

Caravaggio, Michelangelo Merisi da
geb. 1571 in Milano, gest. 1610 in Porto Ercole.
Italienischer Barockmaler mit Hang zur Halbwelt und ausgedehnten Reisen.

Chagall, Marc
geb. 1887 in Peskowatik, gest. 1985 in Saint-Paul-De-Vence.
Farbenfroher, russischer Maler. Fiel bei Geigenkonzert vom Dach.

Cranach, Lucas der Ältere
geb. 1472 in Kronach, gest. 1553 in Weimar.
Bedeutender Maler und Grafiker der nordischen Renaissance.
Befreundet mit Albrecht Dürer.
Verstarb durch akute Hasenhaarallergie.

Dalí i Domènech, Salvador Felipe Jacinto
geb. 1904 in Figueres, gest. 1989 ebenda.
Katalonischer Gürteltierzüchter und Schnurrbartzwirbler.
Stammte aus einer erfolglosen Uhrmacherfamilie.
Einer von vielen Künstlern, die in Ebenda verstarben.

Da Vinci, Leonardo
geb. 1452 in Anchiano, gest. 1519 in Amboise.
Mitbegründer der Vinzidorfgemeinschaft,
erfolgloser Flugpionier.

Degas, Edgar
geb. 1834 in Paris, gest. 1917 ebenda.
Maler, Bildhauer und Ballettfan. Auch er verstarb in Ebenda.

Dix , Otto
geb. 1891 in Untermhaus, gest. 1969 in Singen.
Nach relativ schwerer Geburt dann im Berliner Nachtleben der Weimarer Republik tätig.

Dürer, Albrecht der Jüngere
geb. 1471 in Nürnberg, gest. 1528 ebenda. Hasenzüchter, Händefalter und Kupferstecher. Verstarb ebenfalls in Ebenda.

Flora, Paul
geb. 1922 in Glurns, gest. 2009 in Innsbruck.
Österreichischer Meisterschraffeur.

Gauguin, Eugene Henri Paul
geb. 1848 in Paris, gest. 1903 Atuona, Franz. Polynesien.
Französischer Postimpressionist.
Befreundet mit Vincent Van Gogh, lieh ihm oft ein Ohr.

Giacometti, Alberto
geb. 1901 in Borgonovo, gest. 1966 in Chur.
Schweizer Bildhauer und Ernährungswissenschafter. Legte sich Zeit seines Lebens strengste Diäten auf, verlangte selbiges auch von seinen Modellen.

Goya y Lucientes, Francisco José de
geb. 1746 in Aragon, gest. 1828 in Bordeaux.
Spanischer Maler und zweifacher Gewinner des Kastilischen Kuttelwettessens in Toledo.

Greco, Al (El)
geb. 1541 in Candia, gest. 1614 in Toledo.
Zahlreiche Eigenversuche mit LSD und anderen psychoaktiven Substanzen. Verstarb nach Verzehr einer ungenügend gegarten Eidechse.

Kandinsky, Wassily
geb. 1866 in Moskau, gest. 1944 in Neuilly-sur-Seine.
Farbenfroher Stricher und Punkter.

Klimt, Gustav
geb. 1862 in Baumgarten bei Wien, gest. 1918 in Wien.
Freund von Egon Schiele. Goldjunge der Wiener Secession.

Kogelnik, Kiki
geb. 1935 in Bleiburg, gest. 1997 in Wien.
Nach Friseurausblidung bei Andreas Warhol wurde sie Österreichs erfolgreichste Pop-Art Künstlerin.

Kokoschka, Oskar
geb. 1886 in Pöchlarn, gest. 1980 in Montreux.
Österr. Maler, Postexpressionist.
Fisch- und Schalentierliebhaber.

Lassnig, Maria
geb. 1919 in Krappel am Krappfeld, gest. 2014 in Wien.
Kärntner körperbetonende Künstlerin.

Magritte, René François Ghislain
geb. 1898 in Lessines, gest. 1967 in Brüssel.
Belgischer Maler mit sehr hohem Anspruch an Rauchwaren aller Art und fehlendem Realitätssinn.

Malewitsch, Kasimir Sewerinowitsch
geb. 1878 in Kiew, gest. 1935 in Leningrad.
Russischer Suprematist, Geometriefanatiker.

Manet, Edouard
geb. 1832 in Paris, gest. 1883 ebenda.
Eindrucksvoller Französischer Maler.
Erfinder des ‚Wald-und-Wiesen-Brunch'.

Munch, Edvard
geb. 1863 in Loten, gest. 1944 in Oslo.
Norwegischer Maler, litt Zeit seines Lebens an Gefyraphobie
(Die Angst, Brücken zu überqueren)

Nitsch, Hermann
geb. 1938 in Wien.
Österreichischer Maler des Wiener Aktionismus mit Hang zu ungeschickten Mitarbeitern.

Nolde, Emil
geb. 1867 in Nolde bei Buhrkall, gest. 1956 in Seebüll.
Früher Maler des Expressionismus, später auch.

Ofili, Chris
geb. 1968 in Manchester.
Schottischer Künstler und Elefantenzüchter.

Picasso, Pablo Ruiz,
geb. 1881 in Malaga, gest. 1973 in Mougins.
Vater der Parfumeurin und Designerin Paloma Picasso.

Rubens, Peter Paul
geb. 1577 in Siegen, gest. 1640 in Antwerpen.
Flämischer Maler, trotzdem nicht überheblich.

Schiele, Egon
geb. 1890 in Tulln, gest. 1918 in Wien.
Freund von Klimt. Feind der Spanischen Grippe.

Tizian
geb. um 1488 in Pieve di Cadore, gest. 1576 in Venedig. Bedeutendster Maler der Hochrenaissance. Verstarb nicht, wie weitläufig angenommen wird, an der Pest, sondern im Schockzustand nach Erhalt der Getränkerechnung im Caffe Florian.

van Dyck, Antoon
geb. 1599 in Antwerpen, gest. 1641 in London.
Flämischer Maler, Befreundet mit P.P. Rubens.
Verstarb nach Bandscheibenvorfall, den er beim Begräbnis von Rubens' erster Frau erlitt.

Velazquez, Diego
geb. 1599 in Sevilla, gest. 1660 in Madrid.
Höflicher spanischer Maler. Anfänglich als Graffiti-Artist tätig, entwickelte später eine starke Lackdosen-Intoleranz.

Warhol, Andreas
Geb. 1928 in Pittsburgh, gest. 1987 in New York City.
Nach halbherziger Karriere als Frisör als Schaufenster-dekorateur erfolgreich.

Weitere Titel in der Edition Brudertwist:

‚Mistviech'
Schüttelreime. Zeichnungen
ISBN: 978-3-200-03860-8

‚Herbarium'
Geschichten. Zeichnungen
ISBN: 978-3-200-04372-5

www.brudertwist.com
Herausgeber: Georg Hartwig, Gerald Hartwig

1. Auflage 2016
Druck und Bindung: Christian Theiss GmbH
ISBN: 978-3-200-04856-0